Veröffentlichungen des Deutschen Vereins für Volks-Hygiene.

Im Auftrage des Zentralvorstandes in zwanglosen Heften herausgegeben von

Dr. K. Beerwald, Berlin.

Heft VI.

Die Verhütung der Geschlechts-Krankheiten.

Im Auftrage des Vereins für öffentliche Gesundheitspflege zu Nürnberg bearbeitet von

Dr. Neuberger,

Nürnberg.

Zweite Auflage.

(Sechstes bis zehntes Tausend.)

München und **Berlin.**

Druck und Verlag von R. Oldenbourg.

1905.

Einleitung.

Die vorliegende Abhandlung verfolgt den Zweck, im weitesten Sinne über die Gefahren der geschlechtlichen Erkrankungen und die dagegen zu ergreifenden Vorbeugungsmaßregeln aufzuklären. Aus diesem Grunde ist eine gemeinverständige, dabei aber auch des wissenschaftlichen Anstriches nicht entbehrende Darlegung vorgezeichnet. Die Vorschläge bewegen sich im wesentlichen in bisher vielfach betretenen Bahnen, deren Ausbau und richtige Ausnutzung — neue Wege sind schwerlich auffindbar — Erfolg verheißen und zum Ziele führen müssen. Der Verfasser, dem seit 12 Jahren durch seine spezialärztliche Tätigkeit reichliche Erfahrungen über die verhängnisvolle und heimtückische Natur der Geschlechtskrankheiten zur Verfügung stehen, hat die Ergebnisse der beiden internationalen Konferenzen zu Brüssel (1899 und 1902), die sehr zahlreiche, besonders von Dr. Blaschko in seinem Werke: „Hygiene der Prostitution und venerischen Krankheiten" angeführte und auch noch weitere Literatur benutzt und seiner Bearbeitung zu Grunde gelegt, jedoch auf Angaben daraus — zu seinem eigenen Bedauern — verzichten müssen, um dieser Schrift durch die Wiedergabe denkwürdiger Aussprüche hervorragender Fachgenossen sowie anderer Bearbeiter dieser Frage und durch kritische Ausführlichkeit erfordernde Abwägungen keine ihrer Verbreitung hinderliche Ausdehnung zu geben.

Leitsätze.

1. Die ungemein große Verbreitung der Geschlechtskrankheiten (Tripper, Syphilis), ihr hartnäckiger Verlauf, die Schwierigkeit ihrer Heilung und die Leichtigkeit ihrer Übertragung, die ernsten Folgezustände, die sie hervorrufen, lassen das Verlangen: «die Geschlechtskrankheiten zu verhüten», direkt als eine soziale Notwendigkeit erscheinen.

2. Die bisher von den verschiedensten Seiten aus ergangenen Versuche, gegen die Überhandnahme der Geschlechtskrankheiten vorzugehen, haben keinerlei Wirksamkeit aufzuweisen. Nur durch ein allgemeines zielbewußtes Eingreifen läßt sich den Geschlechtskrankheiten Einhalt gebieten. Seit der Gründung des Deutschen Vereins für Volkshygiene und im besonderen der Deutschen Gesellschaft zur Bekämpfung der Geschlechtskrankheiten, die sicherlich schon allein durch ihre aufklärende Tätigkeit nutzbringend wirken werden, ist Aussicht auf eine allmählich Platz greifende Änderung der bisherigen ungünstigen Verhältnisse vorhanden.

3. Die Aufklärung hat durch Wort und Schrift in weiten Kreisen zu erfolgen. Hierbei sind die Gefahren der geschlechtlichen Erkrankungen in den Vordergrund zu stellen; den Männern ist einzuprägen, daß geschlechtliche Enthaltsamkeit fast stets unschädlich ist; vor dem Alko-

holmißbrauch ist eindringlich zu warnen, da gerade berauschte Menschen allzu leicht mit Prostituierten, d. h. gewerbliche Unzucht treibenden Frauen, in Verkehr treten und geschlechtlich erkranken.

4. Da die Hauptquelle der venerischen Erkrankungen in der Prostitution liegt, so müssen Besserungsmaßregeln vornehmlich auf diese gerichtet sein. Eine völlige Ausrottung der Prostitution wäre das radikalste Heilmittel. Leider war dieses in früheren Zeiten niemals zu erreichen und ist auch zurzeit nicht durchführbar.

5. Erfolge sind daher nur denkbar durch eine möglichst gesundheitliche Gestaltung der Prostitution, d. h. durch eine strenge Fürsorge, daß die dem Laster des Unzuchtgewerbes frönenden Personen, sobald sie erkrankt sind, durch Aufnahme in ein Krankenhaus ihrem Gewerbe entzogen werden.

6. Aus diesem Grunde sind Bordelle empfehlenswert, da deren Insassinnen einer genauen ärztlichen Kontrolle zu unterziehen sind, während die freie, nicht bordellierte Prostitution mit aller Strenge hintanzuhalten ist, da bei ihr die ärztliche Kontrolle nur einen sehr unsicheren Schutz vor Ansteckung gewährt.

7. Die ärztliche Untersuchung muß äußerst genau und möglichst täglich vorgenommen werden, bietet aber trotz alledem in allen Fällen nicht die Bürgschaft, daß eine gesund befundene Person tatsächlich nicht krank oder ansteckungsfähig ist.

8. Trotz der Einführung der Bordelle ist daher immerhin vor dem Besuch derselben zu warnen. Die Bordelle sollen nur von mehreren Übeln das kleinere darstellen.

9. Jede geschlechtlich erkrankte Person hat die Pflicht, möglichst bald einen Arzt aufzusuchen, teils in eigenem Interesse — der schnelleren Heilung halber — teils im öffentlichen, um eine Weiterverbreitung ihrer Krankheit hintanzuhalten.

10. Vor Kurpfuschern ist dringend zu warnen.

11. Die wissentliche Übertragung einer Geschlechtskrankheit wird nach dem Strafgesetzbuche geahndet.

12. Ganz besonders haben die Krankenkassen die Verpflichtung, für ihre erkrankten Mitglieder Sorge zu tragen und jede Ausnahmestellung der mit einer Geschlechtskrankheit Behafteten (Entziehung des Krankengeldes etc.) fallen zu lassen.

13. Neuere wissenschaftliche Untersuchungen haben mit Sicherheit bewiesen, daß auf dem Gebiete des sogenannten «Selbstschutzes», der «persönlichen Verhütung» in bestimmten Fällen die Ansteckungsgefahr herabgesetzt oder gar vermieden wird. Die Zukunft wird derartigen Bestrebungen Rechnung tragen müssen.

14. Unerläßlich, ja ausschlaggebend sind im Verein mit all diesen Vorschlägen tatkräftige Bestrebungen, die auf eine Hebung der Sittlichkeit, auf eine Besserung der Stellung der Frau, auf soziale Umänderungen (Lohn-, Wohnungsfrage etc.), sei es auf staatlichem und gemeindlichem, sei es auf dem Wege der privaten Fürsorge und Wohltätigkeit, hinzielen.

I.

Die Geschlechtskrankheiten und ihre Folgen.

Neben der Tuberkulose und der durch den Mißbrauch des Alkohols hervorgerufenen Erkrankungen werden ganz allgemein die Geschlechtskrankheiten infolge ihrer großen Verbreitung und ihrer ungemein verheerenden Folgen als „Volksseuche" bezeichnet.

Sind die ansteckenden Geschlechtskrankheiten tatsächlich als eine „Volksseuche" aufzufassen? Diese Frage drängt sich daher zunächst in den Vordergrund, und von ihrer Beantwortung hängen auch die später zu erörternden Vorschläge ab. Es unterliegt keinem Zweifel, daß infolge unserer heutigen sozialen Verhältnisse viele Menschen sehr leicht von einer Geschlechtskrankheit befallen werden, und daß die dadurch bedingte, geradezu enorme Verbreitung der Geschlechtskrankheiten diesen den Stempel einer Volksseuche aufdrückt, eine Tatsache, die heute wohl bis in die weitesten Kreise gedrungen ist. Die starke Verbreitung der Geschlechtskrankheiten ergibt sich leicht und unstreitig aus zahlreichen statistischen Belegen, obwohl gerade diese zu oft unbrauchbaren und anders auslegbaren, ja vielfach direkt entgegengesetzten Ergebnissen geführt haben. Trotzdem muß zugegeben werden, daß die Berechnung, wonach in Berlin ca. 80% aller Männer an Tripper leiden oder litten, und jeder zehnte Mann mit Syphilis behaftet ist, eher zu niedrig gegriffen ist; das Gleiche gilt wohl auch für andere Großstädte. Bei den vielfach bestehenden Wechselbeziehungen sind kleinere Städte und das platte Land gleichfalls stark in Mitleidenschaft gezogen und ergeben in dieser Beziehung zwar günstigere, aber im großen und ganzen durchaus unerfreuliche Verhältnisse. Diese Erwägungen werden noch bestärkt, wenn wir berücksichtigen, daß manche, tatsächlich mit Geschlechtskrankheiten im Zusammenhang stehende Krankheitserscheinungen auch ärztlicherseits oft als solche nicht aufgefaßt wurden und werden, daß unsere fortgeschrittenen medizinischen Kenntnisse in dieser Richtung gerade in den letzten Jahren mannigfache Wandlungen erlitten haben, und daß eine nach bestimmten Grundsätzen angelegte zuverlässige Statistik nicht besteht. Die enorme Verbreitung der Geschlechtskrankheiten berechtigt schon an und für sich den Ruf nach Abwehrmaßregeln. Noch eindringlicher und noch volltönender wird aber dieser Mahnruf, wenn wir die Natur dieser Krankheitsgruppe eingehend betrachten.

Bei der Abschätzung der Geschlechtskrankheiten in ihrer sozialen Bedeutung resp. ihrer Gefahr für das Volkswohl ist zunächst hervorzuheben, daß heutzutage auch der Tripper — wie wir hinzufügen müssen: leider — in einen ebenbürtigen Wettstreit mit der früher immer einzig und allein gefahrvoll in den Vordergrund gedrängten Syphilis getreten ist und dieser in keiner Weise nachsteht. Dadurch haben die Geschlechtskrankheiten an Bedeutung wesentlich zugenommen, die Menschheit hat nicht mehr mit einem Feinde zu kämpfen, sie hat auch in gleicher Weise den Kampf gegen die ungemein verbreitete und hierin die Syphilis weit in den Schatten stellende Trippererkrankung zu führen. Der Tripper des Mannes ist keineswegs eine harmlose Erkrankung. In vielen Fällen führt er zu Folgezuständen benachbarter Organe verbunden mit Erwerbsunfähigkeit, wie Blasen-, Nieren-, Nebenhoden-, Vorsteherdrüsen-, Samenbläschen-Entzündung, die zum Teil direkt Zeugungsunfähigkeit bedingen können. Auch ohne diese an und für sich lange dauernden Erkrankungsprozesse zieht sich in einer großen Zahl der Fälle der Tripper sehr in die Länge, die ursprünglich eitrige und schmerzhafte Absonderung der Harnröhre ist einer geringen, den Patienten gar nicht mehr störenden Schleimabsonderung gewichen, der Urin enthält aber noch mehr oder weniger zahlreiche, zu verschiedenen Zeiten wechselnde, kleinere oder größere Flocken und Fäden, die, so unscheinbar sie auch sein mögen und so wenig sie manchmal leider beachtet werden, noch den Trippergiftstoff beherbergen und weiter übertragen.

Die Bedeutung einer rein örtlichen Erkrankung hat der Tripper längst verloren. Abgesehen von den Tripperentzündungen des Auges, die namentlich bei Neugeborenen häufig vorkommen und oft zu Erblindungen Anlaß geben (60 % aller Erblindungen werden auf Tripperentzündung zurückgeführt), glücklicherweise aber durch Schutzmaßregeln (Einträufelungen ins Auge direkt nach der Geburt) jetzt wesentlich eingeschränkt werden können, vermag der Tripper schwere Harnröhrenverengungen, lang dauernde, oft Bewegungsstörungen zurücklassende Gelenkerkrankungen, ja sogar, wenn auch selten, zum Tode führende Herzklappen-, Bauchfell-, Rückenmark-Entzündungen herbeizuführen. Hierzu kommt, daß manche Männer mehrmals im Laufe der Zeit vom Tripper befallen werden, da das einmalige Überstehen der Krankheit vor einer Neuerkrankung nicht schützt, und daß zuweilen der Verlauf eines später erworbenen Trippers langdauernder und schwerer ist. Die Tripperenkrankung der

Frau gibt Anlaß zu schweren, Gesundheit und Leben derselben gefährdenden Erkrankungen der Gebärmutter, Eileiter, Eierstöcke, des Bauchfells ꝛc.; diese erheischen oft große, mit Lebensgefahr verbundene, operative Eingriffe und führen zuweilen zu einem langen Siechtum; und wenn die Entzündungserscheinungen endlich zurückgehen, Heilung eingetreten zu sein scheint, kommt es mit erneuter Heftigkeit zu Rückfällen. Nicht selten beruht auch darauf die Unfruchtbarkeit der Frau; 70 bis 80% der unfruchtbaren Ehen sind auf Trippererkrankung zurückzuführen.

Dieser kurze Überblick beweist zur Genüge die Fülle privaten und öffentlichen Elends, die durch den Tripper verschuldet ist. Aus einer blühenden Jungfrau wird eine bleiche, welke, schaffensunlustige und lebensüberdrüssige Frau. Da die Erkrankung der Frau oft schon in der ersten Zeit der Ehe erfolgt, wird der Wunsch nach Kindersegen unerfüllbar. Man erwäge die großen Opfer an Zeit und Geld, die dann für die Behandlung aufzubringen sind (eine große Zahl der Patientinnen des Frauenarztes besteht aus tripperkranken Frauen), die nervöse Unruhe mancher Patienten, die in dem Gedanken, noch nicht geheilt zu sein, von einem Arzt zum andern wandern; man berücksichtige die Gewissensbisse, die den Ehemann verfolgen, der die Krankheit bewußt oder unbewußt auf seine Frau übertragen hat, und die ihren Höhepunkt erreichen müssen, wenn die Erkrankung sich noch auf weitere Familienangehörige ausgebreitet hat und — solche Fälle sind nicht gar zu selten — der Tripper der Frau auf das im gleichen Bette mit ihr schlafende Töchterchen übertragen wurde.

Die Syphilis ist im Gegensatz zum Tripper niemals eine örtliche Krankheit. Dem harten, die Eintrittspforte des Giftstoffes darstellenden Schanker, der nicht immer, wenn auch in der

Mehrzahl der Fälle, sich auf die Geschlechtsteile beschränkt, sondern auch an anderen Körperstellen (Lippe, Mandeln, Hände, Brustwarze u. s. w.) auftritt, folgen Erscheinungen allgemeiner Blutvergiftung: Flecken- und Knötchenausschlag, nässende Stellen am Hoden, After ꝛc., geschwürige Prozesse auf der Schleimhaut des Mundes, der Zunge, des Halses, krankhafte Vorgänge, die trotz gewissenhafter ärztlicher Behandlung zumeist in den ersten 2—3 Jahren mehr oder weniger oft verschwinden und wieder rückfällig werden. Während dieser langen Zeit ist der Kranke in der Lage, seine Krankheit weiter zu verbreiten: mit Sicherheit resp. großer Wahrscheinlichkeit, sobald irgendwelche Erscheinungen vorhanden, also ein Rückfall der Krankheit eingetreten, möglicherweise aber auch — und das beweist besonders die Schwere der Krankheit — trotzdem irgendwelche Krankheitsherde nicht nachweisbar sind. In gleichem Sinne sind auch die Spätererscheinungen der Syphilis aufzufassen. Bei ihnen ist ebenfalls die Möglichkeit einer Übertragung nicht völlig ausgeschlossen. Wenn auch später Erkrankungen nach vorangegangener gründlicher Behandlung in der Regel seltener zum Ausbruch kommen, in der Mehrzahl der Beobachtungen vielmehr bei Kranken auftreten, die ihre Krankheit in dieser oder jener Weise mehr oder weniger vernachlässigt haben, so kann doch in selteneren Fällen auch die gewissenhafteste Behandlung sie nicht verhindern und können sich schwere Krankheitsprozesse der Haut und Schleimhaut (Geschwürsbildungen), der Knochen und Gelenke, des Kehlkopfs, Auges ꝛc., der inneren Organe (Leber, Lunge, Herz, Nieren) einstellen, die bleibende Zerstörungen zurücklassen. Mit Vorliebe wird Rückenmark und Hirn betroffen. Gerade die Rückenmarkschwindsucht, diese unselige Krankheit, hat vielfach mit Syphilis einen gewissen Zusammenhang, und die syphilitischen Gehirnerkrankungen, namentlich die fortschreitende Gehirnerweichung, vermehren die Insassen der Irrenhäuser. Sehr folgenschwer ist auch die Syphilis für die Nachkommenschaft der davon Betroffenen. Je nach dem Grade der Erkrankung der Eltern kommt es zu Tot- und Frühgeburten, die Kinder kommen lebensunfähig zur Welt oder sind mit Erscheinungen der erblichen Syphilis behaftet im günstigsten Falle treten bei den anscheinend gesund geborenen Kindern früher oder später nach der Geburt syphilitische Erscheinungen körperlichen oder geistigen Gebrechens hervor. Die Nachkommenschaft syphilitischer Eltern neigt leichter zu Erkrankungen anderer Art und werden solche durch die Anlage schwerer beeinflußt.

Bei der Syphilis kommt außerdem noch besonders in Betracht, daß nicht nur auf geschlechtlichem Wege diese Seuche übertragen wird; gerade die Syphilis der Unschuldigen spielt eine sehr bedeutsame Rolle. Ein erblich syphilitisches Kind vermag durch die Krankheit die Amme anzustecken, diese wiederum, falls erkrankt, ein anderes gesundes Kind, vielleicht ihr eigenes oder andere Familienangehörige. Hebammen und Ärzte laufen vielfach Gefahr, bei der Ausübung ihrer beruflichen Tätigkeit an den Fingern angesteckt zu werden, durch Küsse wird häufig die Krankheit übermittelt, durch Bisse bei Raufereien, durch Trinken aus einem von einem Syphilitischen benützten Glase', durch Schnittwunden in Barbiergeschäften sowie durch allerlei Gebrauchsgegenstände: die gemeinsame Benutzung von Instrumenten bei Musikern, die Glasbläserpfeife bei Glasbläsern 2c.

Auf die dritte Gruppe der Geschlechtskrankheiten, den weichen Schanker, braucht nicht näher eingegangen zu werden; er ist nur insofern von Bedeutung, als er häufig vereiternde, oft mehrwöchentliche Erwerbsunfähigkeit veranlassende Leistendrüsenentzündung im Gefolge hat.

Aus alledem ergibt sich, daß das Auftreten und die Erscheinungen der Geschlechtskrankheiten von schwerwiegendster Bedeutung für das Leben des einzelnen sowie für die Gesamtheit des Volkes sind, indem die Arbeitskraft gelähmt, dadurch der Ruin mancher Familien bewirkt, eine Unsumme von Nationalvermögen in der verschiedensten Form vergeudet, überhaupt der Wohlstand des Volkes untergraben und geschädigt wird.

II.

Uneinigkeit im Kampf gegen diese Volksseuche.

Ist man denn — diese Frage ist gewiß am Platze — nicht bestrebt gewesen, mit allen Mitteln gegen diese verderblichen Krankheiten vorzugehen, sie einzudämmen und dadurch die gesundheitlichen Verhältnisse unseres deutschen Volkes günstiger zu gestalten? Gewiß, seit Jahr und Tag sind diese Bestrebungen von vielen Seiten in Angriff genommen worden. Staat und Regierungen haben durch Erlasse und Vorschriften günstig zu wirken versucht, von ärztlicher und geistlicher Seite ist der Kampf aufgenommen worden. Leider bisher ohne eigentlichen Erfolg! Daher ist gerade in den letzten Jahren diese hochbedeutende Frage von neuem in Fluß geraten. Im Anschluß an die im Jahre 1899 in Brüssel stattgefundene erste internationale Konferenz zur Verhütung der Geschlechtskrankheiten hat sich daselbst eine Gesellschaft zum Schutze von Gesundheit und Moral gebildet, ein Zweigverein ist hinterher in Breslau bei der Tagung der deutschen dermatologischen Gesellschaft gegründet worden, eine Anzahl bedeutender Universitätsprofessoren, namentlich aus dem Gebiete der Gesundheitspflege, haben einen kräftigen Mahnruf an die deutsche studierende Jugend erlassen, der auch in anderen, speziell militärischen Kreisen Anklang, Anwendung und Verbreitung gefunden hat. Am 1.4. April 1900 ist auf Anregung der preußischen Staatsregierung eine Statistik bezüglich der Ausbreitung der venerischen Krankheiten in Preußen angeregt und ausgeführt worden, somit genug der Anzeigen, daß man mit vermehrtem Kraftaufgebote den venerischen Krankheiten Einhalt gebieten will. Große Erfolge wurden aber nicht erzielt. Denn diese Seuche entfaltet eine mehr schleichende, wenig auffallende Tätigkeit. Der Giftstoff wirkt nicht augenfällig wie bei anderen Seuchen (Cholera, Pest 2c.), die ihre Opfer zu Hunderten dahinraffen. Die allgemeine öffentliche Aufmerksamkeit wird daher auch nur in geringerem Grade darauf gelenkt. Noch immer herrscht sogar eine direkte Scheu und Zurückhaltung in öffentlichen und privaten Kreisen diesen Krankheiten gegenüber. Den letzteren haftet der Makel des Unsittlichen, Anstößigen und Unmoralischen an, ihre Bekämpfung fand daher noch nicht die Unterstützung der Allgemeinheit, auch gehen leider in der Art und Weise, in der Form der Abwehrmaßregeln die Ansichten sehr auseinander: Parteien der verschiedensten Richtung stehen sich gegenüber. Solange hier nicht eine durchgreifende Änderung Platz greift, solange sich nicht die Gegner zu gemeinsamen Arbeiten die Hände reichen, solange ist auch auf eine günstige Wendung der Dinge nicht zu rechnen. Nur durch einen auf der ganzen Linie aufgenommenen Kampf unter Beiseitelassung nebensächlicher Meinungsverschiedenheiten kann die gemeinsame Arbeit gegen das heimtückische Übel erfolgreich sein. Sicherlich wird es auch dann nur langsam und allmählich gehen. An völlige Umgestaltungen ist vorderhand gar nicht zu denken. Ein Stein muß langsam auf den andern gelegt werden, bis endlich ein wetterfestes Gebäude erstanden. Seit der Gründung der Deutschen Gesellschaft zur Bekämpfung der Geschlechtskrankheiten scheint ja der erste Baustein versenkt zu sein.

III.

Die Prostitution und ihre Ursachen.

Will man zielbewußt und mit Tatkraft gegen die Geschlechtskrankheiten vorgehen, so muß man sich zunächst gegen ihre Ursprungsstätte wenden. Als solche ist die Prostitution, d. h. die gewerbliche Unzucht, im weitesten Sinne aufzufassen, mag es nun die beaufsichtigte, in Bordellen untergebrachte, oder freiwohnende, mag es die heimliche, den überwachenden Polizeiorganen sich entziehende Prostitution sein. Von dieser Stätte nehmen die Geschlechtskrankheiten ihren Ursprung, von hier breiten sie sich wie ein Lauffeuer aus. Wenn wir auch wissen, daß ebenso geschlechtskranke Männer — und im ersten Abschnitt ist dies ausführlich geschildert worden — die Seuche übertragen und verschleppen, so ist dies doch in weit geringerem Grade der Fall, als bei den dem unsittlichen Gewerbe der Prostitution frönenden Frauen. Auf letztere müssen also in erster Linie die Bekämpfungsversuche hinzielen. Es ist unnütz, zu erörtern, welche von den Arten der Prostitution, ob die beaufsichtigte, d. h. die reglementierte, kontrollierte, oder die geheime, größeren Schaden stiftet; denn es liegt doch ganz klar auf der Hand, daß, wenn auch die beaufsichtigten Prostituierten bei unseren heutigen schlechten ärztlichen Untersuchungsverhältnissen genügend Stoff zur Krankheitsverbreitung darbieten, doch gerade die heimlichen das bei weitem größere Übel sind. Die Prostituierte, welche wenigstens von Zeit zu Zeit untersucht wird, wird schneller dem Verkehr entzogen als die unbeaufsichtigte, die, falls sie erkrankt ist, unzähligen Männern, einem nach dem andern, ihre Krankheit überträgt. Die beste Lösung der ganzen Frage bestände nun in einer völligen Ausrottung der Prostitution. Aber leider ist dieses vorderhand und wohl für lange, lange Zeiten undenkbar. Der Grund hierfür liegt in den Ursachen, die zur Prostitution geführt haben und mächtige Triebfedern für deren Bestand bilden. Da ist zunächst der gewaltige geschlechtliche Naturtrieb des Mannes, der oft schon zu einer Zeit ausbricht, in der die sozialen Verhältnisse dem Manne noch nicht die Ehe gestatten. Gerade unsere heutigen Verhältnisse mit dem gesteigerten Kampfe ums Dasein, mit den ungünstigen Lohn- und Erwerbsbedingungen erschweren sehr wesentlich das Eingehen einer Ehe; dazu kommt noch in manchen Fällen als Verzögerungsgrund der Militärdienst. Gewisse Menschen können sich aus irgend welchen Gründen überhaupt nicht zur Ehe verstehen, ein anderer wird im besten Mannesalter Witwer. Ist nun an und für sich schon der Naturtrieb beim Manne ein äußerst reger, so kommt außerdem die vielfach verbreitete Ansicht hinzu, daß eine Hintanhaltung dieses mächtigen Triebes Krankheiten im Gefolge habe. So falsch auch ganz allgemein dieser Standpunkt sein mag, da sicherlich geschlechtliche Enthaltsamkeit in der Regel keine krankhaften Folgen haben kann, so ist doch anderseits zuzugeben, daß manche Menschen gewissermaßen in verstärktem Grade mit diesem Naturtriebe versehen sind, ihn daher schwer umgehen können und der einmal begonnene, mit einem besonderen Wollustgefühle beim Manne verbundene außereheliche Geschlechtsverkehr gar zu leicht fortgesetzt wird. Kein Wunder daher, daß von seiten der Männerwelt die Nachfrage nach außerehelichem Geschlechtsverkehr eine verbreitete ist. Und wo viel Nachfrage, da ist auch ein großes Angebot. Bei den der gewerblichen Unzucht huldigenden Frauen ist nun ganz in entgegengesetzter Weise der Geschlechtsgenuß der geringste Anstoß. Er ist bei den Frauen viel weniger ausgesprochen und bei manchen fast gar nicht vorhanden. Hier sind es also andere Bedingungen und Ursachen, die die Frauen vom ehrbaren Wege abbringen und in die Arme des Lasters führen. Zuerst ungünstige Erwerbsverhältnisse, schlechte Löhne, geringer Verdienst; dann schlechte Erziehung, schlechtes Vorbild im elterlichen Hause (der Vater ist ein Trunkenbold, die Eltern selbst halten die Tochter zur Unzucht an u. s. w.); ferner Verführung durch Männer, Verführung durch Prostituierte, Putz- und Vergnügungssucht, Hang zur Untätigkeit; schließlich krankhafte, unmoralische Anlage u. s. w. Die Ursachen der Prostitution sind demnach so vielgestaltiger Art und haben sich so eingebürgert, daß es ungemein schwer ist, sie allmählich, geschweige denn plötzlich aus der Welt zu schaffen. Damit läßt sich auch das Hauptmittel zur Verhütung der Geschlechtskrankheiten, die völlige Ausrottung der Prostitution, nicht bewerkstelligen. Nichtsdestoweniger soll und muß darauf hingewirkt werden. Gewiß, es wird bestimmt noch Jahre, Jahrzehnte dauern, ehe wir so weit kommen, aber die

Hoffnung, es einst zu erreichen, darf nicht aufgegeben werden und uns nicht abhalten, die Axt an den faulen Stamm anzulegen, einen Teil nach dem andern allmählich zu fällen, bis an Stelle des entfernten morschen Stammes eine frische Saat grünen kann. Doch das sind Zukunftsbilder! Streben wir zunächst erreichbaren Zielen zu! Welches sind dieselben?

IV.

Die Notwendigkeit der Bordelle.

Da die beaufsichtigte Prostitution die kleinsten Gefahren in sich birgt, so muß die geheime mit aller Strenge möglichst hintangehalten werden. Die günstigsten Verhältnisse sind sicher durch die Einrichtung von öffentlichen Häusern, d. h. Bordellen, zu erzielen. Eine ganze Reihe von Gründen spricht hierfür. Da durch die Bordelle die Prostituierten von der Straße, von Promenaden und öffentlichen Plätzen ꝛc. fern gehalten werden, findet eine Anlockung der Männer nicht statt, die Prostituierten sind vielmehr abgeschlossen und wirken durch ihr Beispiel nicht weiter verführend, zumal ihr Verkehr mit anderen Mädchen und Frauen nur beschränkt möglich ist. Sie können angehalten werden, in möglichst unauffälliger Kleidung sich auf der Straße zu zeigen, sie werden sich auch nicht zu oft 'aus dem Hause entfernen, da ihnen sonst leicht während ihrer Abwesenheit materieller Schaden droht. Die Bordelle können in entlegene, wenig bevölkerte Straßen verlegt werden, sie brauchen äußerlich nicht auffallend gekennzeichnet zu sein, da das Bestehen eines Bordelles für diejenigen, welche es aufsuchen wollen, schnell sich herumspricht oder zu erfahren ist. Die Insassinnen der

Bordelle können sich, namentlich wenn sie älter und erfahren sind, vor kranken Männern leicht schützen, sie können sie zurückweisen, während die freiwohnenden, auf der Straße herumpromenierenden Freudenmädchen aus Konkurrenzneid froh sind, wenn sie eine Beute erwischt haben und daher auch vor mit Krankheiten behafteten Männern nicht zurückschrecken. Gerade für die Bordelle spricht auch das sich der Straßenprostitution zugesellende Zuhältertum. Diese Sorte von Dieben, Einbrechern und Verbrechern ist eng mit der freiwohnenden heimlichen Prostitution verknüpft. Die von jedermann gering geachteten Geschöpfe fühlen sich wohl, in einem Zuhälter einen Beschützer zu haben, der sie wenigstens nicht mißachtet, aber dafür ihnen ihr Geld abnimmt, auf ihre Kosten ein träges, nichtswürdiges Dasein führt und seine Brotgeberin oft in roher und brutaler Weise ihre Abhängigkeit fühlen läßt.

Die Geschichte aller Zeiten hat gelehrt, daß die Bordelle ein notwendiges Bedürfnis darstellen. Mit der Schließung der Bordelle war vielfach eine durch die gewaltige Vermehrung der geheimen oder Straßenprostitution bedingte Zunahme der geschlechtlichen Krankheiten bemerkbar. Bordelle sind auch schon deshalb angezeigt, um denjenigen, die den außerehelichen Beischlaf vollführen wollen, die Möglichkeit dazu zu bieten. Dadurch fallen anständige Mädchen weniger den Verführungskünsten der Männer anheim und die Zahl der unehelichen Kinder wird vermindert. Ein weiterer Hauptgrund, der zu Gunsten der Bordelle spricht, ist die Möglichkeit einer gründlicheren ärztlichen Untersuchung der Bordellbewohnerinnen. Diese können sich der Untersuchung nicht entziehen, nicht fortreisen oder ihre Wohnung ändern. Gerade bei der freiwohnenden Prostitution ist letzteres häufiger der Fall, namentlich, wenn die betreffenden Personen Grund haben, den Krankenhauszwang zu meiden und dadurch ihre Krankheit auf eine große Anzahl von Männern ruhig weiter übertragen. Die Bordellmädchen können und müssen angehalten werden, falls die ärztliche Untersuchung sie als krank befindet, sofort sich ins Krankenhaus zu begeben, es geschieht dies auch leicht in der Regel. Ganz anders bei den frei Wohnenden. Nur unwillig, mit Zorn und Groll erfolgt oft ihre Überführung ins Krankenhaus, und dort bestürmen sie fortwährend den Arzt mit Entlassungsgesuchen, da ihr Zimmer ohne Beaufsichtigung sei, die Miete abgelaufen wäre u. s. w. In den Bordellen lassen sich gesundheitliche Bestimmungen von großer Tragweite einführen. Zunächst für die Mädchen selbst, die aus Gründen der Reinlichkeit und der Ansteckungsverhütung über die Wichtigkeit desinfizierender Ausspülungen von der Bordellwirtin aufgeklärt und dazu angehalten werden müssen; denen außerdem Aufklärungen über die geschlechtlichen Erkrankungen der Männer gegeben werden können, wodurch eine ärztliche oder sonstige von einzelnen Seiten befürwortete, aber gewiß nicht durchführbare Untersuchung der Männer zum Teil sich erübrigt. Weiterhin aber auch für die Besucher der Bordelle, denen von den Insassen die gleichen schützenden Flüssigkeiten gereicht werden. Auf diese Weise vermögen die Prostituierten sogar zur Eindämmung der Geschlechtskrankheiten in kleinem Maße mit beizutragen. Gegen die Bordelle wurde immer bisher eingewandt, daß die Mädchen durch die Besitzer der Bordelle übervorteilt würden und recht- und schutzlos dastünden. Dagegen läßt sich aber doch durch gesetzliche Vorschriften vorgehen. Die Bordellwirte, denen die Erlaubnis zur Haltung eines öffentlichen Hauses erteilt ist, dürfen nicht gemeingefährliche oder besonders vorbestrafte Personen sein, sie müssen zu einer freundlichen Behandlung der Mädchen angehalten und diesen das Recht der Beschwerde — bekannt gemacht durch einen Anschlag im Bordell — ermöglicht werden. Die Mädchen sollen sich, wenn sie selbst es wollen, für die Zukunft, um nicht elendig zu Grunde zu gehen, etwas sparen. Kommen die Bordellwirte diesen und ähnlichen, noch beliebig zu erweiternden Vorschriften nicht nach, so kann ihnen das Halten der Häuser entzogen und andern Persönlichkeiten konzessioniert werden. Wenn auch diese ganze Einrichtung an Staatsbordelle erinnert, so glaube ich diesen durchaus nicht das Wort reden zu dürfen, denn die Bordelle sollen nur vorübergehender Natur sein und verschwinden, sobald unsere Zeitverhältnisse das gestatten, was bei eingeführten Staatsbordellen nicht so leicht geschehen kann.

Es wäre gar kein Unglück, wenn die Preisverhältnisse in den Bordells wesentlich gesteigert würden. Wer einmal den Drang zum Bordellbesuch in sich fühlt, kann leicht das pekuniäre Mehropfer bringen. Dadurch und durch das Erheben eines Eintrittsgeldes, worauf besonderes Gewicht gelegt werden muß, würden manche vom Bordellbesuch abgehalten und vor einer Geschlechtskrankheit bewahrt. Anderseits könnte der von den Bordellbesitzern erzielte Gewinn leicht zu den vermehrten ärztlichen Untersuchungskosten hinzugezogen werden. Sehr empfehlenswert wäre auch ein zeitiger Schluß der Bordelle (12 Uhr nachts), um Betrunkene abzuhalten, die besonders leicht Bordelle aufsuchen und durch die Trunkenheit auch leichter zur Ansteckung (lange Dauer des Beischlafs, Aufschürfungen während desselben) neigen.

Man fürchte nicht, daß durch diese vorgeschlagene Gestaltung der Bordelle ein zu gewaltiger Zulauf stattfindet. Das

Schimpfliche ihres Berufs verlieren die Bordellprostituierten nicht, auch ist ihre Freiheit durch besondere Vorschriften sehr beschränkt (Kleidung, Verbot der Theater, Konzerte u. s. w.). Immerhin wird es genug Frauen geben, die sich als Bordellinsassinnen zur Verfügung stellen. Man denke nur an die große Gruppe der schwach veranlagten, minderwertigen, geradezu zur Prostitution geborenen Geschöpfe. Einzelne werden polizeilich zur Aufnahme in die Bordelle gezwungen werden müssen, nachdem Ermahnungs- und Besserungsversuche, sie vom unsittlichen Pfade abzubringen, fehlgeschlagen. Wenn solche Wesen dem öffentlichen Verkehre entzogen werden, so ist das gewiß ein Glück für die Menschheit. Man wende nicht ein, daß in den Bordells die Unsittlichkeit stärker vorherrsche als in den Privatwohnungen, dafür haftet der Bordellwirt, und daß durch die Bordelle der Mädchenhandel gezüchtet würde, läßt sich direkt vermeiden. Die Mädchen müssen vor dem Eintritt ins Bordell sich der Polizeibehörde vorstellen, die ihre Papiere einer gründlichen Prüfung unterzieht, ihre eventuelle Minderjährigkeit sowie die Tatsache nachweist, daß die ins Bordell sich Begebenden dem Prostitutionsgewerbe schon gehuldigt haben. Minderjährige müssen, wenn von seiten der Eltern keine Obhut erwartet werden kann, Besserungsanstalten übergeben werden, ein diesbezüglicher Zwang ist unerläßlich. Auch auf Mädchen, die bisher noch nicht in einem Bordell waren, soll eingewirkt und ihnen nicht nur die Schädlichkeit und Schändlichkeit ihres Berufes vor Augen geführt, sondern auch durch passende Einrichtungen die Möglichkeit eines anständigen Erwerbes gegeben werden.

Gegen die Bordelle haben sich von jeher juristische Bedenken ergeben; wir können sie aber übergehen, da tatsächlich bisher an vielen Orten Bordelle bestanden haben und noch bestehen. Für die Einführung der Bordelle müssen natürlich die jeweiligen örtlichen Verhältnisse (die Größe der Städte ɔc.) in Betracht gezogen werden. Sie lassen sich aber selbst in mittleren Städten leicht mit Vorteil einführen. Leider werden sie ja wohl zunächst die freie Prostitution nicht völlig hintanhalten können, das kann nur allmählich geschehen und durch äußerste Strenge. Aber die heimliche Straßenprostitution kann doch durch sie möglichst zurückgedrängt werden. Auch läßt sich der § 361, 6 des neuen Reichsstrafgesetzbuches, welcher lautet: „Mit Haft wird bestraft eine Weibsperson, welche wegen gewerbsmäßiger Unzucht einer polizeilichen Aufsicht unterstellt ist, wenn sie den in dieser Hinsicht zur Sicherung der Gesundheit, der öffentlichen Ordnung und des öffentlichen Anstandes erlassenen polizeilichen Vorschriften zuwiderhandelt, oder welche, ohne einer solchen Aufsicht unterstellt zu sein, gewerbsmäßige Unzucht betreibt", gerade in seinem zweiten Teil zur Genüge gegen die Straßenprostitution anwenden, während der erste Teil, da für die Bordellmädchen deren Wirte haftbar sind, weniger von Belang ist. Ferner muß der bisher viel zu wenig in Anwendung gebrachte § 180 des Reichsstrafgesetzbuches der Kuppelei streng entgegentreten. Derselbe lautet (nach der lex Heinze von 1900): „Wer gewohnheitsmäßig oder aus Eigennutz durch seine Vermittelung oder durch Gewährung oder Verschaffung von Gelegenheit der Unzucht Vorschub leistet, wird wegen Kuppelei mit Gefängnis nicht unter einem Monat bestraft; auch kann zugleich auf Geldstrafe von einhundertfünfzig bis zu sechstausend Mark, auf Verlust der bürgerlichen Ehrenrechte, sowie auf Zulässigkeit von Polizeiaufsicht erkannt werden. Sind mildernde Umstände vorhanden, so kann die Gefängnisstrafe bis auf einen Tag ermäßigt werden."

Mit ganz besonderer Tatkraft muß der Prostitution der Minderjährigen entgegengetreten werden. Dazu ist eine Erhöhung des Schutzalters von 16 auf 18 Jahre unbedingt erforderlich.

Durch alle diese Maßnahmen wird ein mächtiger Vorstoß gegen die gefahrbringenden Geschlechtskrankheiten unternommen. Alle diese Vorschläge sind ausführbar. Wo ein Wille, ist auch ein Weg!

V

Die Untersuchung und Behandlung der Prostituierten.

Wir haben als besonderen Nutzen der Bordelle resp. deren Einführung die dadurch gewährleistete Möglichkeit einer gründlichen ärztlichen Untersuchung und Behandlung im Krankenhause hingestellt. Hierauf beruht im wesentlichen die Assanierung, d. h. möglichst gesundheitliche Gestaltung der Prostitution, die für die Verhütung der geschlechtlichen Krankheiten von größter Tragweite ist. In dieser Beziehung müssen völlige Umwälzungen eintreten. Da bekanntlich jede Prostituierte im Laufe der Ausübung ihrer Tätigkeit mit fast absoluter Sicherheit erkrankt, und da die einmal entstandene Erkrankung vielfach wieder rückfällig wird, so muß die Untersuchung der Prostituierten häufig und gründlich vorgenommen werden. Am besten wäre eine tägliche Untersuchung, die entweder im Bordelle selbst oder im Ambulatorium, d. h. Poliklinik des Krankenhauses, stattzufinden hätte. Die Zahl der Untersuchungsärzte muß bedeutend vermehrt werden, damit ihnen für die Untersuchung jeder Prostituierten genügend Zeit zu Gebote steht. Ob weibliche Ärzte mit der

Untersuchung zu betrauen sind, ist von mehr nebensächlicher Bedeutung. Die Anschauung, daß die Prostituierten den letzteren gegenüber bei der Untersuchung weniger in ihrem Scham- und Ehrgefühl verletzt würden, trifft meines Erachtens meist nicht zu, ja oft mag gerade das Gegenteil der Fall sein. Allerdings muß die Untersuchung den streng polizeilichen Charakter verlieren, und die Prostituierten müssen zum Arzte mehr Vertrauen gewinnen und nicht in ihm ihren Feind und Unterdrücker sehen. Selbstverständlich müssen die mit der Kontrolle betrauten Ärzte in gründlichster Weise vor- und ausgebildet sein. Die Untersuchung darf sich nicht nur auf syphilitische Erscheinungen, sondern muß in ganz besonderem Grade sich auch auf die Tripperer krankung erstrecken. Neuere, gegenteilige, von Ärzten ausgehende Bestrebungen halte ich für einen großen Fehler, ja für einen Rückschritt. Wenn nämlich gesagt wird, mit der Untersuchung auf Tripper würde unnütze Zeit vergeudet, zumal diese Erkrankung oft nur schwer nachweisbar wäre und die mit dieser Krankheit behafteten und deshalb ins Krankenhaus eingelieferten Frauen häufig ungeheilt entlassen würden, und wenn ferner deshalb die Forderung aufgestellt wird, mit größerer Genauigkeit auf syphilitische Erkrankungen zu fahnden, diese einzudämmen resp. völlig auszurotten, so stehen dem sehr gewichtige Bedenken gegenüber. Trotz der genauesten Untersuchung und Behandlung der Syphilis läßt sich vielfach nicht nachweisen, ob die Erkrankung noch übertragbar ist oder nicht, die Übertragungsmöglichkeiten sind zu vielgestaltig und uns in mancher Richtung noch unbekannt. Ein Mädchen, das soeben die gründlichste Behandlung im Krankenhause durchgemacht hat, bei der sich keinerlei Erscheinungen mehr auffinden lassen, deren Anfangserkrankung vielleicht schon 2—3 Jahre zurückliegt, wodurch ja, wie wir annehmen müssen, zum mindesten eine Abschwächung des Giftes garantiert ist, ein solches Mädchen, sage ich, vermag trotzdem unter Umständen noch anzustecken. Somit bleiben auch die strengsten Maßregeln gegen Syphilis nur halbe. Es ist weiterhin auch nicht richtig, daß tripperkranke Frauen so oft ungeheilt aus dem Krankenhause entlassen werden. Durch die Fortschritte, besonders der mikroskopischen Untersuchung, bieten sich sicherere Anhaltspunkte als früher, und wenn es uns auch nicht immer gelingt, sämtliche Tripperkeime zu vernichten, namentlich sobald bei der Frau die Erkrankung auf die Gebärmutter und weiter entferntere Organe übergegangen ist, so gelingt es uns doch, wenigstens einen Teil zu zerstören und schon dadurch allein die Krankheitsübertragung abzuschwächen. Was damit erreicht werden soll, wenn man den Männern zuruft, daß sie in einem Bordell mit größter Wahrscheinlichkeit mit Tripper angesteckt werden würden, ist mir unerfindlich. Dieses Abschreckungsmittel wird wohl bei manchem nicht viel nutzen, viele würden sich auch trotzdem blindlings ins Verderben stürzen in der Hoffnung, vom Glücke begünstigt zu werden und keine Ansteckung davonzutragen. Nein, will man die Prostitution assanieren, will man die Bordelle möglichst gesundheitsgemäß gestalten, so ist eine genaue, zeitraubende mikroskopische Untersuchung auf Tripperpilze, von geübten, fachkundigen Ärzten vorgenommen, unerläßlich. Trotz alledem soll und muß niemand darüber im Zweifel bleiben, daß trotz der peinlichsten Kontrollverhältnisse die Möglichkeit einer Krankheitsübertragung nicht ausgeschlossen ist, sondern nur verringert wird. Damit müssen wir uns zufrieden geben, mehr können wir vorderhand nicht leisten;

deshalb wollen wir aber auch die Männer selbst vor den Bordellen warnen, ihnen durch Wort und Schrift, ja selbst durch einen Anschlag im Bordell bekannt geben, daß der außereheliche Beischlaf in einem Bordell ebenfalls leicht Geschlechtskrankheiten nach sich zieht. Leider ist die Zahl der den Prostituierten zur Verfügung stehenden Krankenhäuser vielerwärts zu gering; in unserer deutschen Reichshauptstadt mußten vor einigen Jahren krank befundene und dem Krankenhause überwiesene Prostituierte wegen Platzmangel zurückgewiesen werden. Eigene Hospitäler für Geschlechtskranke sind nicht empfehlenswert; dagegen müssen an den bestehenden allgemeinen Krankenhäusern neue Abteilungen für Haut- und Geschlechtskranke gegründet und bestehende, was Bettenzahl anbetrifft, vermehrt werden. Selbstverständlich sind Prostituierte von anderen geschlechtskranken Frauen zu trennen, doch dürfen sie nicht als Gefangene oder Verworfene behandelt werden; man gestatte ihnen den Empfang von Besuchen, gewähre ihnen in der Kost, in der Beschäftigung, im Gartenaufenthalt u. s. w. Vergünstigungen und gestalte in jeder Beziehung ihren Aufenthalt im Krankenhause in humanster Weise. Das Kranken- und Pflegepersonal werde eventuell von Ordensschwestern gestellt, die am besten durch Milde und Güte die Zucht im Krankenhause aufrecht erhalten, auch auf eventuelle Besserungs- und Bekehrungsversuche, obwohl sie bei den Prostituierten nur in geringem Grade sich verwirklichen lassen, hinarbeiten können. Für Minderjährige sind solche Versuche direkt notwendig, ebenso für die zum ersten Male krank Befundenen und ins Krankenhaus Eingelieferten. Die ersteren müssen zwangsweise Besserungsanstalten, Magdalenenstiften ꝛc. übergeben werden, die letzteren, falls sie sich dazu bereit erklären. Auch könnten diese Anstalten an Stelle der von einzelner Seite vorgeschlagenen Rekonvaleszentenhäuser, deren Schöpfung kaum ermöglicht werden dürfte, zur Aufnahme solcher Prostituierten dienen, für deren Erkrankung — trotz außerordentlich langer Behandlung im Krankenhause — die Gefahr der Weiterverbreitung noch besteht. Was den Tripper anbetrifft, so ist durch die beständigen Fortschritte unserer medizinischen Kenntnisse wohl zu erwarten, daß die Heilerfolge sich mit der Zeit immer günstiger gestalten. Schließlich gestattet die strenge, etwa täglich vorgenommene Kontrolle, Prostituierte, deren Tripper- oder Syphiliserkrankung kurz nach der Entlassung aus dem Spital wieder rückfällig wird, sofort wieder dem Verkehr zu entziehen, so daß sie nur sehr geringen Schaden stiften können. Bezüglich der Bezahlung der Krankenhauskosten müßte eine Verpflichtung für die Prostituierten bestehen, einer der örtlichen Krankenkassen beizutreten, wenn auch mit erhöhtem Beitrage; schließlich könnten auch die Gemeinden oder Wohltätigkeitsvereine weitere Beiträge leisten.

Noch zwei Punkte sind erwähnenswert. Ebenso wie es meines Erachtens unzweckmäßig ist, den Prostituierten bei der ärztlichen Untersuchung Gesundheitsbescheinigungen auszustellen, die ja auch direkt im Widerspruch ständen mit dem kurz von mir erwähnten Bordellanschlag, so bezeichne man auch die aus dem Spital entlassenen nicht als „gesund", sondern als „zur Zeit ohne jegliche Krankheitserscheinungen". Da außerdem erfahrungsgemäß die noch im Beginn ihrer Tätigkeit stehenden jungen Prostituierten gerade in der ersten Zeit der Mehrzahl nach erkranken, vielleicht, weil sie eine gesuchtere Ware für die Männerwelt darstellen, gewiß auch, weil die Schleimhäute der Geschlechtsorgane für die Giftstoffe leichter empfänglich sind, so müssen die untersuchenden Ärzte auf diese ihr ganz besonderes

Augenmerk richten, und da diese, wenn einmal erkrankt, häufig oder beständig Rückfälle ihrer Erkrankung haben, so werden natürlicherweise diejenigen Bordells die günstigsten sein, was die Verhütung der Geschlechtskrankheiten anbetrifft, deren Insassinnen schon vor Jahren von den Geschlechtskrankheiten heimgesucht waren. Für uns kann es belanglos sein, wenn solche aus älteren Prostituierten bestehende Bordells dann weniger oft aufgesucht werden; ich zweifle nicht daran, daß es trotzdem genügend geschieht.

VI.

Die geforderte Aufhebung der Kontrolle ist unzulässig.

Bei unseren bisherigen Erörterungen sind wir von der Ansicht ausgegangen, daß der Staat unbedingt die Pflicht hat, Schritte zur Abwehr der geschlechtlichen Erkrankungen zu tun und auch deshalb genötigt ist, Zwangsmaßregeln gegen die Hauptübeltäter, d. h. gegen die Prostituierten (strenge ärztliche Untersuchung, Krankenhauszwang, Reglementierung der Prostitution), zu unternehmen. Hiergegen hat nun eine große Partei Stellung genommen, die sogenannten Abolitionisten, die für Abschaffung der Kontrollvorschriften eintreten. Sie gehen von der Voraussetzung aus, daß es für den Staat selbst schimpflich und unsittlich sei, das Laster auf diese Weise anzuerkennen, der Staat mache sich dadurch zum Mithelfer und Mitwisser der Unsittlichkeit. Dagegen ist einzuwenden, daß, wenn es bessere Mittel und Wege gäbe, die Stellungnahme des Staates in der Tat eine andere sein könne; doch das ist vorläufig unmöglich. Auch handelt es sich nicht nur um Wüstlinge und solche, die ihr

Leiden selbst verschuldet haben, sondern, wie bereits nachgewiesen, um direkt Unschuldige. Die letzteren muß der Staat schützen, so gut er dazu imstande ist, auch muß er, zunächst wenigstens, in den bisherigen Maßnahmen mindestens fortfahren, um der Volksseuche doch in irgend einer annehmbaren Form entgegenzuwirken. Der Staat tut daher nur seine Schuldigkeit, wenn er das Laster nicht frei und zügellos schalten läßt. Dieser Satz muß mit hell leuchtenden Lettern aufgestellt werden. Die Abolitionisten erklären fernerhin, daß die Reglementierung der Prostitution ein Eingriff in die persönliche Freiheit des Weibes wäre und die Würde desselben verletze. Das erstere ist zuzugeben; doch trotz aller Menschlichkeitsgefühle läßt es sich eben nicht ändern; um ein größeres Übel zu beseitigen, muß ein kleineres mit in den Kauf genommen werden. Es ist ja bedauerlich, daß wir vorderhand noch nicht imstande sind, auch in ähnlicher Form gegen die Männer vorzugehen; denn diese verbreiten ebenfalls die Seuche; aber auch dieses läßt sich vorläufig nicht ändern, und schließlich verbreiten doch die Frauen in weit größerem Maße den Ansteckungsstoff. Trotzdem, so erklären die Abolitionisten weiter, der Staat die Rechte der Frau beschränkt, erzielt er keine Erfolge, und die Kontrolle ist unnütz; auch hierin haben die Abolitionisten recht, darin stimmen wir Ärzte ihnen bei; die bisherige Kontrolle war eben eine durchaus ungenügende, gewissermaßen nur ein Schein von einer Kontrolle. Meine zuvor gemachten Vorschläge zielen ja auch auf eine völlige Umänderung derselben hin und würden, falls allgemein durchgeführt, die bisherigen Einwürfe nicht mehr aufkommen lassen. Was die Verfehlungen hinsichtlich der Würde des Weibes betrifft, so schätzen aber die Abolitionisten diese viel zu hoch ein. Viele

Prostituierte fühlen sich gewiß nicht in dieser Beziehung verletzt. Diese Begriffe haben sie nie besessen oder längst verloren, und diejenigen, welche anders geartet sind, können und müssen Gelegenheit bekommen, sich ihrer entwürdigenden Stellung zu entledigen. Die ärztliche Kontrolle, und das muß besonders hervorgehoben werden, ist schon deshalb vonnöten, weil die Prostituierten häufig gar nicht ihre Erkrankung wahrnehmen und dieserhalb das Krankenhaus aufsuchen können. Der Tripper macht der Frau oft keine Beschwerden, der Schanker tritt oft so harmlos und versteckt auf, daß die Frau keine Ahnung von ihrem schweren Leiden hat. Insofern aber muß man den Abolitionisten beipflichten, daß es durchaus erstrebenswert ist, diese doch gewiß unglücklichen Geschöpfe nicht als Auswurf der Gesellschaft zu behandeln, daß man, soweit angängig, die Härte, die man ihnen in der Reglementierung auferlegt, anderweitig durch Milde wieder ausgleicht. Diesbezügliche Anregungen sind im vorgehenden von mir bereits gegeben worden. Jedenfalls muß an Stelle des bisherigen schablonenmäßigen polizeilichen Verfahrens bei der Eintragung der Prostituierten in die sie zu ihrem Gewerbe berechtigende Liste, das heutzutage bei der Unerfahrenheit vieler Mädchen und den Übergriffen mancher Sittenbeamter eine große Lücke darstellt, ein ordentliches Gerichtsverfahren treten, auch müssen unter Kontrolle stehende Frauen, resp. nach meinen Vorschlägen Bordellmädchen, wenn sie ein ehrbares Gewerbe beginnen oder in die Ehe eintreten wollen, leicht von der Reglementierung befreit werden. Durch ein derartiges Entgegenkommen wird auch der Haß schwinden, den diese Wesen, wenn auch in geringerem und seltenerem Grade als oft angenommen wird, gegen die Gesellschaft, die Menschheit, in sich tragen, und dann werden uns auch die Abolitionisten versöhnlich zu gemeinsamem Werke die Hand reichen.

VII.

Bekämpfung der Geschlechtskrankheiten durch Belehrung.

Durch die möglichst gesundheitliche Gestaltung der Prostitution, wie wir sie im vorstehenden in großen Grundzügen entwickelt haben, sind zunächst behufs Eindämmung der Geschlechtskrankheiten die besten Fortschritte zu erzielen. Aber damit dürfen wir uns nicht zufrieden geben. Um die Nachfrage nach der Prostitution herabzusetzen und damit diese zu verringern, sind Aufklärungen des Publikums bezüglich der Gefahren der Geschlechtskrankheiten und der Prostitution im weitesten Sinne anzustreben. Dann wird es uns in höherem Grade noch gelingen, der Verbreitung dieser Volksseuche Einhalt zu gebieten. Das Vorurteil, daß Enthaltsamkeit besonders beim Manne schädlich wirken könne, muß aus der Welt geschafft werden. Die Furcht, daß dann die Selbstbefleckung zur Blüte gelange, darf uns dabei nicht im Wege stehen, da dieses Laster in mancher Hinsicht ungefährlicher und unschädlicher ist. Aufklärungsarbeiten sind gewiß schon vielfach in Angriff genommen worden, sie müssen aber mit viel größerer Energie und in weiterer Verbreitung Platz greifen. Alle sich für das Wohl unseres Volkes interessierenden und in Betracht kommenden Kreise müssen sich zu diesem Zwecke gemeinsam verbinden. Mit der Jugend muß begonnen werden durch Belehrung der älteren, die Schule bald verlassenden Schüler und Schülerinnen; hierbei kann vielleicht neben dem Religionslehrer und Geistlichen der Schularzt mitwirken. Natürlich muß es in passender, zutreffender Form geschehen, sonst wird statt Nutzen eher Schaden gestiftet. Bei dem Konfirmandenunterricht, in den Sonntags- und Fortbildungsschulen müssen die Aufklärungen fortgesetzt werden, in Arbeiterkreisen, bei Handwerkern, jungen Kaufleuten, Soldaten, Seeleuten, Studierenden &c. müssen Flugschriften verteilt werden. Anfänge nach dieser Richtung hin sind bereits geschehen. Die Zentralkommission der Krankenkassen Berlins hat in Tausenden von Exemplaren eine volkstümliche, die Gefahren, Verhütung und Bekämpfung der Geschlechtskrankheiten behandelnde Schrift unter den Beamten und Mitgliedern der deutschen Krankenkassen verbreitet. Auch die vorliegende Abhandlung soll denselben Zweck verfolgen. Führen wir den Männern vor Augen, wie durch die Geschlechtskrankheiten ihr ganzes Leben beeinflußt werden, wie der leichtsinnige Schritt eines Augenblicks ihr ganzes Dasein verbittern und vergiften kann, wie schimpflich es sei, sich in die Arme einer Lustdirne zu begeben, die vielleicht kurz vorher einem Gauner oder Verbrecher die gleiche käufliche Gunst erwiesen hat. Wenn solche in der verschiedensten Weise ausgearbeitete Mahnrufe immer und immer wieder Verbreitung finden, so wird gewiß mancher stutzig und dem Verderben entrissen werden. Auch an Dienstmädchen, Fabrikarbeiterinnen, Ladnerinnen, Buchhalterinnen u. s. w. müssen ähnliche Schriften in eindringlicher, zu Herzen gehender, die Mädchen vor dem Laster der Unsittlichkeit und den Folgen derselben warnender Form teils direkt, teils durch Vereine, teils durch die Fabrikherren und Arbeitgeber übermittelt werden. Die Kosten hierfür sind gering. Pflicht bestehender oder noch zu gründender Vereinigungen ist es, sie zu übernehmen. In dieser Beziehung können männliche und weibliche Fabrikinspektoren, Hebammen neben Ärzten,

Geistlichen und gemeinnützigen Vereinen (Vereine für Gesundheitspflege) tatkräftigst wirken.

Hand in Hand mit diesen Aufklärungsbestrebungen muß der Kampf gegen die überhandnehmenden Tanzvergnügen, Singspielhallen, unsittlichen Bücher, besonders gegen den Alkoholmißbrauch geführt werden. Gerade der durch Alkoholgenuß erregte oder berauschte Mann fällt leicht der Prostitution in die Hände. Als Gegengift sind alle Bestrebungen auf Erweiterung des Sports (Volks- und Jugendspiele, Schwimmen, Rudern, Eislaufen u. s. w.) rege zu fördern.

Aber auch bei denjenigen Personen, die eine Geschlechtskrankheit erlitten haben, sind Aufklärungen vonnöten: Zuvörderst ist schleunigst ein Arzt aufzusuchen, da, solange das Übel im Entstehen begriffen, möglicherweise noch ein Ausbruch zu vermeiden oder die Krankheit zu mildern ist. Jedem wissenschaftlich gebildeten Arzte ist Vertrauen entgegenzubringen. Scheu und Schamgefühl ist nicht am Platze. Alle Vorschläge bezüglich der Anzeige und Meldepflicht geschlechtlich erkrankter Personen sind zu verdammen, sie verschleppen und verbreiten das Übel und treiben die Kranken den Kurpfuschern in die Hände. Vor diesen aus Gewinnsucht und mit marktschreierischer Reklame arbeitenden Persönlichkeiten ist eindringlichst zu warnen. Die Einführung eines Kurpfuschereiverbotes dürfte gerade wegen der kolossalen Schädigung, welche die Kurpfuscher den Geschlechtskranken zufügen, tunlich erscheinen. Der mit einer Geschlechtskrankheit Behaftete muß seinem Leiden die größte Aufmerksamkeit schenken und erst nach vom Arzte bewilligter Erlaubnis zur Ehe diesen Schritt unternehmen. Noch immer glauben manche, daß eine geringe, nach einem Tripper zurückgebliebene Schleimabsonderung nicht ansteckend sei, und daß die Syphilis, wenn die Kranken keine Erscheinungen mehr wahrnehmen, ihre Ansteckungsfähigkeit verloren habe. Solche Irrtümer rächen sich schwer. Es wäre manchmal ratsam, wenn der Schwiegervater sich über die früheren Erkrankungen des zukünftigen Schwiegersohnes unterrichten und eventuell die Verlobung von einer zuvor eingegangenen Lebensversicherung abhängig machen würde. Auch ist die Bestrafung desjenigen, der wissentlich eine ansteckende Krankheit überträgt, nur zu sehr berechtigt. Die §§ 224 (schwere Körperverletzung) und 230 (fahrlässige Körperverletzung) des Strafgesetzbuches bieten hierzu eine genügende Unterlage; doch müßte ihr Bestehen mehr zur allgemeinen Kenntnis gelangen, sie auch in geeigneten und unzweifelhaften Fällen herangezogen werden. Bezüglich der Aufnahme geschlechtskranker Personen in den Krankenhäusern gilt zum Teil das schon früher bei den Prostituierten Erörterte: Vermehrung der diesbezüglichen Krankenhausabteilungen, Vermeidung jedweder Zurücksetzung geschlechtlich Erkrankter, Abstandnahme der Krankheitsmeldung an die Heimatsgemeinde bei unbemittelten Personen, unentgeltliche Aufnahme solcher und Bestreitung der Kosten aus öffentlichen Mitteln, Erforschung der Ansteckungsquelle wie beim Militär 2c.

VIII.

Verhütungsmittel.

So sehr wir auch im vorgehenden die Aufklärung bewertet haben, so sehr wir davon überzeugt sind, daß davon wirkliche Erfolge zu erwarten sind, so dürfen wir diese doch anderseits nicht überschätzen, sondern müssen bestimmt damit rechnen, daß viele Menschen solchen Versuchen nicht zugänglich sind und trotz alledem sich den Gefahren der Geschlechtskrankheiten aussetzen. Es gibt eben immer noch genug Personen, die allen Belehrungsversuchen unzugänglich bleiben, die behaupten, den Geschlechtsverkehr nicht entbehren zu können, und die oft vom Arzte den Rat einholen, auf welche Weise sie sich am besten vor dem Erkranken schützen.

In solchen Fällen verlangt es die Einsicht des Arztes, auf diese Fragestellung einzugehen und dem Fragenden den Nutzen der sogenannten „Vorbeugungsmittel" klarzulegen.

In der Tat ist ja durch genaue wissenschaftliche Untersuchungen festgestellt, daß durch den Gebrauch gewisser Mittel, des sogenannten „Condoms" oder der mit verschiedenen antiseptisch, d. h. pilztötend, wirkenden Flüssigkeiten gefüllten „Tropfapparate", durch Benutzung verschiedener Salben, durch Waschung mit bestimmten Lösungen die Ansteckungsgefahr vermindert wird. Vorzugsweise beim Tripper ist die große Bedeutung der „Tropfapparate" tatsächlich erwiesen. Das geht unzweideutig aus zahlreichen Versuchen hervor, die bei der deutschen kaiserlichen Marine und auch sonst bei der Flotte angestellt wurden und das Ergebnis hatten, daß bei einer sachgemäßen, ärztlicherseits beaufsichtigten Verwendung der „Tropfapparate" Trippererkrankungen in geradezu auffallender Weise verhütet wurden. Täuschungen sind hier völlig ausgeschlossen. Gerade die Marinetruppen boten ein geeignetes Material zu diesen Beobachtungen, da erfahrungsgemäß die Seeleute in großer Zahl von Geschlechtskrankheiten heimgesucht werden. Wenn es sich auch nur um Verhütung von Tripper handelt, so tut das der großen Bedeutung dieses Verfahrens durchaus keinen Abbruch, da es schon wertvoll genug ist, wenigstens eine Handhabe zu besitzen, die der verbreitetsten aller Geschlechtskrankheiten entgegen wirkt. Immerhin ist die Wirksamkeit der „Tropfapparate" keine absolut sichere und einheitliche. Verschiedene Bedingungen kommen bei ihnen in Betracht: eine möglichst schnelle Anwendung des Apparates nach vollzogenem Geschlechtsverkehr, eine frische Füllung der Flüssigkeit, die richtige Vornahme des Verfahrens u. s. w. Das ist auch der Grund, daß man diese Methode nicht über Gebühr hervorheben oder gar als sicher wirkend empfehlen könnte. Ebensowenig wäre meines Erachtens ihrer allgemeinen Einführung das Wort zu reden, sie tritt nur den oben angegebenen Ausnahmefällen gegenüber in Kraft. Immerhin ist der gesamten Frage der persönlichen Prophylaxe des „Selbstschutzes" für die Zukunft eine nicht unbedeutende Rolle zuzuerteilen.

Es könnte den Anschein erwecken, als ob durch solche Empfehlungen der Unsittlichkeit Vorschub geleistet würde. Solche Einwürfe sind von der Hand zu weisen. Ganz im Gegenteil wird unter den oben erörterten Bedingungen dem einzelnen sowohl wie der Gesamtheit gegenüber ein humanes, gutes Werk getan, indem der Zunahme der Geschlechtskrankheiten ein Riegel vorgeschoben wird. Zu beachten ist hierbei allerdings, daß die Vorbeugungsmittel nur ärztlicherseits zu verordnen und nur in den Apotheken auf Grund ärztlicher Verordnungen abzugeben sind. Sonst könnte in der Tat durch industriellen Massenvertrieb durch umfangreiche Reklame 2c. manch Unheil angerichtet werden, indem viele sich der irrigen Annahme hingeben würden, durch den Gebrauch der empfohlenen Fabrikate einer Ansteckungsmöglichkeit zu entgehen.

IX.

Die Pflicht der Krankenkassen in der Verhütung und Bekämpfung der Geschlechtskrankheiten.

Mit ganz besonderer Betonung dürfen wir den Satz aufstellen, daß heutzutage gerade die Krankenkassen berufen sind oder sein sollten, auch wesentlich mit zur Eindämmung der geschlechtlichen Erkrankungen beizutragen. Leider wird dieser Satz aber noch viel zu wenig gewürdigt. Die Krankenkassen sollen nach der bekannten Allerhöchsten Verordnung vom Jahre 1881 das Wohl der Arbeiter fördern, sie haben in dieser Beziehung Ersprießliches geleistet, und ihre Ziele erweitern sich von Tag zu Tag. Aber gerade bezüglich der Abwehr der geschlechtlichen Seuchen sind sie durch unzweckmäßige Bestimmungen auf falsche Bahnen gekommen.

Der § 6a des Krankenversicherungsgesetzes (§ 26a der Ortskrankenkassen) gestattet den Gemeinden, den Kassenmitgliedern, die sich ihre Erkrankung durch geschlechtliche Ausschweifungen zugezogen haben, das Krankengeld ganz oder teilweise zu entziehen. Die darin liegende Härte macht sich um so fühlbarer, als nach juristischen Auslegungen und gerichtlichen Erlassen unter geschlechtlichen Ausschweifungen schon der einmalige außereheliche geschlechtliche Verkehr zu verstehen ist. Die Krankenkassen haben somit das ihnen eigentlich nicht zustehende Recht übernommen, bei sittlichen Verstößen strafend vorzugehen, und in der obigen Bestimmung liegt um so mehr ein großes Unrecht, als in vielen Fällen der Arzt gar nicht mit Sicherheit entscheiden kann, ob die geschlechtliche Erkrankung in der Tat durch einen unsittlichen Lebenswandel hervorgerufen oder auf unschuldige Weise erlangt wurde. Der Arzt kommt daher häufig in Gefahr, gegen sein erstes Gebot, das der Menschenfreundlichkeit, zu verstoßen, er wird sich immer die Frage vorlegen müssen, ob er nicht eventuell einen ganz Unschuldigen durch sein ärztliches Urteil benachteiligen könnte. Noch schwerer lassen sich oft manche Folgeerscheinungen geschlechtlicher Erkrankungen ärztlicherseits als solche nachweisen, auch ist der Arzt in solchen Fällen und namentlich bei syphilitischen Späterscheinungen außerstande, zumal wenn der Patient unwahre Angaben macht, diese auf frühere geschlechtliche Ausschweifungen zurückzuführen. Abgesehen davon, schädigt aber die Krankenkasse durch derartige Bestimmungen einmal die Kranken und dann die Kasse selbst. Die Kranken werden, wenn sie kein Krankengeld beziehen, so lange als möglich ihre Tätigkeit fortsetzen und damit ihr Übel verschleppen und vergrößern; auch werden sie an Stelle des Kassenarztes leicht Kurpfuscher aufsuchen, diesen ihren mühselig ersparten Verdienst opfern u. s. w. Die Kasse selbst hat schließlich größere Ausgaben für die durch die unzweckmäßige Behandlung leichter ermöglichten und häufiger auftretenden Folgezustände und Spätererscheinungen der Geschlechtskrankheiten zu leisten, zumal, wie eben auseinandergesetzt, deren Ursprungsstätte vielfach nicht nachweisbar ist. Nur ein Beispiel hierfür: Eine Arbeiterin, deren Mann früher an Tripper mit Hodenentzündung gelitten, diese Erkrankung aber damals nicht gründlich oder gar nicht hat behandeln lassen, erkrankt nach dem Wochenbett infolge der in der Ehe von ihrem Mann auf sie übertragenen Ansteckung an Bauchfellentzündung. Sie wird viele Wochen bettlägerig und verursacht der Krankenkasse durch Krankengeld, Arzneien und ärztliche Behandlung große Kosten. Wäre dem Mann früher Behandlung zuteil geworden, so hätte die Krankenkasse trotz der Kosten der Behandlung des Mannes, da er dann seine Krankheit nicht auf die Frau übertragen hätte, viel gespart. Die Beispiele lassen sich beliebig erweitern; jeder erfahrene Arzt kann solche erbringen. Glücklicherweise haben manche Krankenkassen aus eigenem Antriebe oder auf Anraten einflußreicher Ärzte diese Bestimmungen fallen gelassen. Es muß aber ganz allgemein bei allen Krankenkassen geschehen. Eine Revision des Krankenversicherungsgesetzes muß diese Bestimmungen ausmerzen, da sie der Verminderung der Geschlechtskrankheiten direkt hinderlich ist.[1])

Weiterhin wirken manche Krankenkassen schädlich durch den Krankenhauszwang bei geschlechtlich erkrankten Mitgliedern. Gewiß ist dieser oft von größtem Nutzen. Die sorgfältige ärztliche Behandlung im Krankenhaus, die gute Luft, Kost und Verpflegung, die außerhalb des Krankenhauses durch die Arbeit möglicherweise hervorgerufene Verschlimmerung des Übels, die Unmöglichkeit, die Krankheiten während des Krankenhausaufenthaltes zu übertragen, dieses und manches andere spricht für den Krankenhausaufenthalt. Diese Vorteile muß man den Erkrankten vor Augen führen und ihnen das Krankenhaus empfehlen; aber zwingen darf man sie nie und nimmermehr, sonst verheimlichen und übertragen sie ihre Krankheit, wenden sich an Kurpfuscher oder begeben sich in privatärztliche Behandlung, die, da die Patienten die Kosten selbst tragen, selten eine ausgiebige und zur Heilung führende ist. Einige meiden das Krankenhaus aus Furcht, daß ihre Krankheit bekannt wird, andere glauben durch seine längere Behandlung im Kranken-

---

[1]) Während diese Arbeit gedruckt wurde, haben die Reichstagsverhandlungen gelegentlich der Novelle zum Krankenversicherungsgesetz das Ergebnis gehabt, daß vom 1. Januar d. J. ab Änderungen im obigen Sinne eingetreten sind.

hause ihre Stelle zu verlieren; dieses ist auch häufig, besonders bei schlechten industriellen Zeiten, der Fall. Dazu kommt, daß manche Krankheiten mehrmals im Jahre rückfällig auftreten und die Arbeiter demnach mehrmals längere Zeit die Arbeit aufgeben müßten. Es ist daher durchaus notwendig, daß an den Krankenhäusern, worauf ich ja schon mehrfach hingewiesen habe, auch Ambulatorien resp. Polikliniken für Geschlechtskrankheiten vorhanden sind. Gerade gegen den Krankenhauszwang legt die Trippererkrankung ein beredtes Zeugnis ab. Nicht gerade selten verweilt ein Tripperkranker vier bis acht Wochen im Krankenhause, und einige Tage nach der Entlassung, die natürlich nur erfolgte, weil man den Tripper für anscheinend geheilt hielt, bricht die Krankheit von neuem hervor. Unter diesen Umständen kann man sich nicht wundern, wenn bei dem Erkrankten der Gedankengang aufkommt, er habe viele Wochen unnütz im Spitale verbracht. Darum hebe man den Krankenhauszwang auf, erleichtere geschlechtskranken Personen die ärztliche Behandlung, und man freue sich, daß überall eine stattliche Zahl von Ärzten gegen ein recht spärliches Honorar den Krankenkassen zur Verfügung steht. Die Ärzte sind sich hierbei ihrer wichtigen Rolle für die Wohlfahrt des Volkes voll bewußt. Auch die Krankenkassen sind in dieser Richtung nicht minder wichtige Einrichtungen. Dieser Gesichtspunkt beginnt jetzt bereits Anerkennung zu finden. So ist die Landesversicherungsanstalt Brandenburg-Berlin gegen die vorhandenen Mißstände durch Errichtung von Heilanstalten für Geschlechtskranke vorgegangen, und dieselbe Landesversicherungsanstalt hat, um bezüglich der Beurteilung der Geschlechtskrankheiten als Ursache der Invalidität Beweise zu erbringen, bei jedem Rentenantrag die Begutachtung seitens des Arztes verlangt, ob die

Erkrankung auf geschlechtliche Ursachen zurückzuführen ist. Jedenfalls muß der Wunsch ausgesprochen werden, daß die Krankenkassen in weitgehendster Weise an der Bekämpfung der Geschlechtskrankheiten teilnehmen, und daß sie sich an allen gemeinnützigen diesbezüglichen Bestrebungen beteiligen. Die Vorstände und Verwaltungsbeamten der Krankenkassen müssen wissen, daß gerade die Arbeiter zumeist früher als die Angehörigen anderer Berufsarten heiraten und dadurch leichter die Seuche auf die Frau übertragen; daß die Behandlung der Geschlechtskrankheiten keine großen Unkosten für die Kasse im allgemeinen erfordert und daß sie auf die allgemeinen gesundheitlichen Zustände im günstigsten Sinne einwirken, wenn sie bezüglich der Gefahren der Geschlechtskrankheiten und der Abwehrmaßregeln (eventuelle Empfehlung der Tropfapparate zur Verhütung des Trippers, Rat, den Arzt aufzusuchen, bereits aus Furcht vor einer Ansteckung rc.) Flugschriften an die Kassenmitglieder verbreiten oder in den Mitgliedsbüchern entsprechende Anweisungen anbringen. Die Kassen müssen den Satz fallen lassen, wonach der anständige Arbeiter nicht für den unsoliden aufzukommen habe. Die Geschlechtskrankheiten verdienen keine derartige Sonderstellung. Mancher führt ein geschlechtlich zügelloses Dasein, ohne geschlechtskrank zu werden, mancher wird schon beim ersten außerehelichen Verkehr von einer Krankheit heimgesucht. Mit Absicht und Vergnügen erwirbt niemand eine Geschlechtskrankheit. Den Vorschlag, Arbeiter in Massenbetrieben, ähnlich wie bei den Soldaten, mehrmals im Jahre auf geschlechtliche Erkrankungen hin zu untersuchen, halte ich für unzweckmäßig; es ist nicht einzusehen, warum die Arbeiter Ausnahmebestimmungen zu unterwerfen sind, auch findet in den Fabriken kaum Übertragung der Seuche von Kranken auf Gesunde statt. Außerdem hebt die Untersuchung beim Militär gewiß nicht das sittliche Gefühl, da gerade dieses durch die Massenuntersuchung in einem Raum eher abstumpft als veredelt, obgleich sich diesem Übelstande durch die Aufstellung von Wandschirmen sehr wohl abhelfen ließe.

Den Krankenkassen ist schließlich anzuraten, die Ärzte mehr als bisher zu Beratungen heranzuziehen. An manchen Orten ist dies der Fall, und die Krankenkassensatzungen enthalten dann gewöhnlich auch keine Ausnahmebestimmungen für Geschlechtserkrankungen; aber im allgemeinen ist hier der Einfluß der Ärzte noch ein viel zu geringer. Mögen daher die deutschen Krankenkassen in dem Bewußtsein ihrer hohen Aufgabe für die Gestaltung der gesundheitlichen Verhältnisse unseres Volkes auch im Kampfe gegen die Geschlechtskrankheiten in Zukunft gerechter und planmäßiger hervortreten!

X.

Die Bekämpfung der Geschlechtskrankheiten durch Hebung der Moral und durch öffentliche Wohltätigkeitsanstalten.

Alle bisher erörterten Vorschläge bedürfen aber noch einer weiteren Unterstützung, sie enthalten noch eine Lücke, die ausgefüllt werden muß. Es ist unerläßlich, daß mit allen uns zu Gebote stehenden Mitteln und auf allen gangbaren Wegen eine Hebung der Moral, eine Änderung der Begriffe von der wahren Sittlichkeit des Menschen angestrebt wird. Schon manches Gute haben hierin die deutschen Sittlichkeitsvereine, der Bund vom weißen Kreuz, der deutsche Verein gegen den Mißbrauch geistiger Getränke, der Bund des blauen Kreuzes, der Zentralausschuß für die innere Mission der deutsch-evangelischen Kirche 2c. 2c. geschaffen. Ihre Bestrebungen sind zu fördern und zu erweitern. Auch die seit Jahren unter der deutschen Frauenwelt aufgetretene Strömung, die sich vielfach mit den Bestrebungen obiger Vereinigungen deckt, ist zu begrüßen, da sie auf eine Besserung der sozialen und gesellschaftlichen Lage der deutschen Frau und vorteilhafte Änderung der Sittlichkeitsbegriffe hinzielt. Wünschenswert wäre ein großer deutscher, durch den Massenbeitritt aller Volksschichten entstehende Verband, dem eventuell auch die bereits eben erwähnten Vereine einverleibt werden könnten, und dessen Ziele gegen die Prostitution sowie gegen die Unsittlichkeit gerichtet sind. Möglicherweise kann der Deutsche Verein für Volkshygiene oder die Deutsche Gesellschaft zur Bekämpfung der Geschlechtskrankheiten mit der Zeit eine solche Gestaltung annehmen. Dann ließe sich auf dem Wege der Wohltätigkeit unter der Mitwirkung von Staat und Gemeinden vieles ändern und besser gestalten, dann wäre auch mit Erfolg auf eine Vermehrung der Rettungsanstalten für Gefallene und Gefährdete, der Heimstätten für Obdachlose und Trinkerinnen, der Magdalenenstifte, der Versorgungshäuser, Mägdeherbergen, Heimstätten für Fabrikarbeiterinnen, Mägdebildungsanstalten, Kinderheime, Jungfrauen- und Sonntagsvereine, Arbeitsnachweise u. s. w. zu dringen. Schon jetzt haben diese einzelnen Bestrebungen viel Not und Elend gelindert, manches Mädchen vom Pfade des Lasters abgehalten und zum nützlichen Gliede der menschlichen Gesellschaft erzogen. Hier ist aber noch viel Gutes zu vollbringen und vieles zu verbessern. Gerade die Mägdeherbergen können der Prostitution manches Opfer entreißen, in ihnen können die sonst leicht in der Großstadt untergehenden stellesuchenden Frauen einstweilen unentgeltliche Aufnahme und Beschäftigung finden. Den Frauen und Frauenvereinen ist hier ein großes Feld der selbstlosen, aufopferndsten Tätigkeit eröffnet, nicht nur durch den Besuch solcher Wohltätigkeitsanstalten, wo sie aufklärend und helfend wirken könnten, sondern auch durch Einrichtung von unentgeltlichen Unterrichtskursen in der Haushaltung und im Kochen, durch Veranstaltung von Sonntagsvergnügungen für Dienstmädchen, Arbeiterinnen u. s. w. Die Männerwelt wird gewiß gern solche Bestrebungen unterstützen und opferwillig Geldbeiträge leisten. Ein großer, über ganz Deutschland verbreiteter Verband würde eine weit regsamere Tätigkeit als bisher möglich entfalten, nicht nur durch Flugschriften und Unterstützung der Wohltätigkeitsanstalten, sondern auch durch zahlreiche, von verschiedenen Fachkundigen abgehaltene öffentliche Vorträge. In dieser Beziehung könnten außer der Geistlichkeit, Ärzten, Verwaltungsbeamten gerade Künstler, Dichter, Schauspieler, Vertreter der Presse, Abgeordnete 2c. von Nutzen sein. Die Vertreter der Presse könnten besonders für ein Fernhalten der Unsittlichkeit in der Presse eintreten, und die Reichs und Landtagsabgeordneten für Aufklärung bei ihren Parteien und Gesinnungsgenossen sorgen, Gesetzesbestimmungen (Gesetz zur Bekämpfung der Verbreitung der Geschlechtskrankheiten) anregen und beeinflussen. Weiterhin könnten staatliche und gemeindliche Einrichtungen zu Nutz und Frommen der Eindämmung der geschlechtlichen Erkrankungen verwendet werden. Die Gemeindewaisenräte können auf eine bessere Zukunft und Versorgung der unehelichen Kinder bedacht sein, die Wohnungsinspektoren auf Änderung der der Unsittlichkeit oft Vorschub leistenden ungünstigen Wohnungs- und Schlafraumverhältnisse. Die Mitwirkung weiblicher Kräfte wäre wohl nicht zu umgehen.

Im großen und ganzen glaube ich damit die Wege gezeigt zu haben, die der Verbreitung der Geschlechtskrankheiten einen sicher wirksamen und leicht errichtbaren Damm entgegensetzen würden. Manche Vorschläge sind gewiß besserungsbedürftig, manche im einzelnen noch weiter ausführbar. Das ist Sache der Zukunft. Sind erst einmal die vorgezeichneten Wege beschritten, so lassen sie sich auch vervollkommnen. Die Verhütung der Geschlechtskrankheiten ist wegen der Verschleppung der Seuche und der Übertragungsmöglichkeiten von internationaler Bedeutung; aber e i n Staat muß den Anfang machen, andere werden dann folgen. Möge unser mächtiges deutsches Vaterland zu seinem Wohle und Ruhme an der Spitze der Bewegung marschieren!

Inhaltsverzeichnis.

Verlag von R. Oldenbourg, München und Berlin.

Veröffentlichungen

des

Deutschen Vereins für Volkshygiene

herausgegeben von

Dr. K. Beerwald, Berlin.

Von diesen Veröffentlichungen des Deutschen Vereins für Volkshygiene, dessen segensreiches Wirken trotz der Kürze seines Bestehens schon die weiteste Anerkennung gefunden hat, sollen jährlich 4—6 Hefte zum Preise von je ca. 30—40 ₰ erscheinen. Die Veröffentlichungen sind von Ministerien und vielen hohen Behörden amtlich empfohlen und sollen mit Unterstützung dieser, sowie humanitär gesinnter Privatpersonen, Unternehmer- und anderen Verbänden, Vereinen ꝛc. durch Massenverbreitung, Aufklärung über gesundheitliche und hygienische Fragen in alle Kreise des Volkes tragen, besonders in die Kreise der Handwerker und Arbeiter. Mit Rücksicht auf diesen Zweck sind die Preise, namentlich für größere Partiebezüge, sehr niedrig festgesetzt.

Erschienen sind:

Heft 1: **Verhütung der Tuberkulose** (Schwindsucht). Vortrag von Geh.-Rat Prof. Dr. E. von Leyden, gehalten im Bürgersaal des Rathauses zu Berlin. Mit einem Titelbild und 4 Textfiguren. Preis 30 ₰. Von 100 Ex. ab 25 ₰, von 200 Ex. ab 20 ₰, von 500 Ex. ab 18 ₰, von 1000 Ex. ab 15 ₰, von 2000 Ex. ab 12 ₰.

Heft 2: **Berufswahl und körperliche Anlagen.** Im Auftrage des Vereins für Volkshygiene in München unter Mitarbeit von Dr. Dr. Nadoleczny, Ed. Hirt, R. Schneider, Fr. Lange und H. Neumayer herausgegeben von Professor Dr. M. Hahn, München. 9 Textfiguren. Preis 40 ₰. Von 100 Ex. ab 35 ₰, von 200 Ex. ab 30 ₰, von 500 Ex. ab 25 ₰, von 1000 Ex. ab 20 ₰, von 2000 Ex. ab 18 ₰.

Heft 3: **Nothilfe bei Verletzungen.** Von Dr. Jul. Feßler, Privatdozent an der Universität München. (Preise wie bei Heft 1.)

Heft 4: **Gesundheit und Alkohol.** Vortrag, gehalten im Bürgersaal des Rathauses zu Berlin vor der Ortsgruppe des Vereins für Volkshygiene, von Prof. Dr. Carl Fraenkel aus Halle a. S. (Preise wie bei Heft 1.)

Heft 5: **Die häusliche Pflege bei ansteckenden Krankheiten, insbesondere bei ansteckenden Kinderkrankheiten.** Drei Vorträge von Dr. K. Doll in Karlsruhe. (Preise wie bei Heft 2.)

Heft 6: **Die Verhütung der Geschlechtskrankheiten.** Von Dr. med. Neuberger, Nürnberg. (Preise wie bei Heft 1.)

Heft 7: **Die Gesundheitspflege auf dem Lande.** Von Kreisarzt Dr. Nickel, Perleberg. (Preise wie bei Heft 2.)

In Vorbereitung sind:

Die Bedeutung der Bakterien für die Gesundheitspflege. Von Professor Dr. A. Wassermann, Berlin.

Wohnungshygiene von Geheimrat Prof. Dr. Rubner, Berlin.

Häusliche Gesundheitspflege (behandelt als Fortsetzung zu Heft I, die Disposition) von Prof. Dr. Grawitz, Berlin.

Zur Hygiene des Schulkindes von Geheimrat Prof. Dr. Hoffa, Berlin, Privatdozent Dr. Jessen, Straßburg i. E. und Dr. Lublinski, Berlin.

Die Pflege des Kindes im ersten Lebensjahre von Prof. Dr. Schloßmann, Dresden.

www.ingramcontent.com/pod-product-compliance
Lightning Source LLC
LaVergne TN
LVHW091731021026
849161LV00003BB/558
* 9 7 8 3 4 8 6 7 6 3 0 2 7 *